CUISINONS les fruits de saison

50 RECETTES SALÉES ET SUCRÉES

AVEC PLEIN D'ASTUCES ZÉRO DÉCHET

AMANDINE GEERS ET
OLIVIER DEGORCE

terre vivante

SOMMAIRE

Introduction

Quel aliment réunit qualités nutritionnelles, variété gustative, plaisir sucré sans incidence sur la glycémie, présence tout au long de l'année et facilité de dégustation ? Le fruit, bien sûr ! Et plus précisément les fruits de nos jardins ou de petites productions naturelles.
Cueillis à maturité, gorgés de soleil ou mûrissant tranquillement en cave, les fruits accompagnent nos repas tout au long de l'année, au petit déjeuner, dans des plats sucrés-salés, croqués comme encas ou simplement dans des goûters, des confitures et autres douceurs.
Évidemment, c'est au cours des mois chauds, de mai-juin à septembre-octobre que les fruits se trouvent en abondance (petits fruits rouges, fruits juteux d'été). Pour autant, nous ne sommes pas démunis en hiver, avec des fruits certes moins variés mais particulièrement intéressants d'un point de vue nutritionnel : l'épaisse peau des agrumes protège leurs vitamines et éléments nutritifs, les pommes et le raisin sont également des alliés privilégiés pour la santé[1].

Les polyphénols

Les polyphénols sont des molécules antioxydantes majeures présentes dans de nombreux aliments : café, thé, chocolat, légumes et fruits. Leurs propriétés antioxydantes sont supérieures à celles des vitamines. Les **fraises**, le **raisin** et les **litchis** sont les mieux pourvus parmi les fruits.

Les **pommes** constituent également un excellent apport en polyphénols, d'autant que l'on peut en consommer en quantité importante presque toute l'année. Luttant contre le stress oxydatif et les radicaux libres, les polyphénols ont des vertus anti-inflammatoires, anticancer et protectrices du système cardio-vasculaire. En consommer régulièrement permettrait également de prévenir les maladies chroniques et de ralentir le vieillissement cellulaire.
Les **anthocyanes**, ces pigments responsables de la couleur rouge-bleu de nombreux fruits et autres végétaux (**myrtille, cassis, groseille, airelle, fraise, raisin, aubergine,** radis…), sont des polyphénols particulièrement bénéfiques.
Les **tanins, les flavonoïdes et les acides phénoliques** font partie de cette famille de molécules de plus en plus étudiée et qui participe à une alimentation saine et riche en antioxydants.
Agrumes, **citron**, salades, choux, haricots, épinards, brocolis, oignons, ail sont riches en flavonoïdes.
Le thé, le **raisin,** le vin, le café et le cacao sont les mieux pourvus en tanins protecteurs.
Enfin, les **pommes**, les **abricots,** les **tomates,** les **agrumes,** le cresson et les céréales représentent le dessus du panier en ce qui concerne les **acides phénoliques**.

L'indice glycémique

Même si les fruits ont un indice glycémique (IG) variable, la majorité d'entre eux n'élèvent pas la glycémie. Ils constituent donc une source de sucre intéressante, d'autant que, si on les consomme crus et entiers, ils apportent aussi une bonne portion de fibres, régulatrices de la glycémie.

---

1. Les fruits cités dans cette introduction ne sont pas nécessairement tous cuisinés dans les recettes qui suivent.

Les fruits principalement constitués de glucose (le raisin, par exemple) ont un IG plus élevé que ceux qui combinent glucose et fructose (comme les baies et les agrumes). Le fructose, contrairement au glucose, ne provoque pas de hausse de la glycémie.
Considérons également qu'un fruit consommé entier a un IG plus bas que sous forme de jus. De même, la maturité d'un fruit a un impact significatif. En transformant l'amidon en sucres simples (saccharose, glucose, fructose), celle-ci fait augmenter l'IG du fruit.
Aucun fruit ne possède réellement d'IG élevé, à part la datte sous sa forme sèche.
Parmi les fruits à IG modéré, notons la banane bien mûre, l'abricot, les cerises, le melon, la pastèque, la papaye et l'ananas, et bien sûr les fruits transformés comme les fruits au sirop ou certains fruits séchés dont les sucres sont concentrés (figues, raisins).

Jus de fruits, jus de vilain !

Une consommation journalière de fruits est donc bénéfique. Fruits et légumes constituent des apports importants en vitamines, minéraux et polyphénols permettant de prévenir différentes maladies chroniques. Mais qu'en est-il des jus de fruits ? Un verre de jus de fruits au petit déjeuner ne remplace pas un fruit entier. Rapidement consommé, rapidement digéré, le jus a un IG supérieur à celui du fruit frais.

Une étude menée par les chercheurs de l'équipe de recherche en épidémiologie nutritionnelle (EREN Université Paris-13) et publiée en juillet 2019[2] a révélé que la consommation de boissons sucrées (jus de fruits 100 % pur jus comme les boissons de type soda) était associée à un risque plus élevé de cancer, en particulier de cancer du sein. Les résultats suggèrent un rôle important du sucre dans le développement de cette maladie.

En effet, certains nectars ou jus de fruits ont des proportions de sucre tellement élevées que l'on ne calcule plus que les inconvénients de leur consommation (pic glycémique, hyperactivité, carries, obésité...) et non les bénéfices (apport en certains nutriments, par exemple).

C'est donc une très mauvaise idée que de croire qu'un ou deux verres de jus de fruits participent à la bonne alimentation de vos enfants. Les experts déconseillent d'ailleurs de proposer ces boissons avant l'âge de deux ans. Bannissez les jus de fruits concentrés et privilégiez, si vous n'avez pas le choix, les jus maison ou les smoothies. L'idéal reste bien sûr de proposer des fruits entiers. Coupés en morceaux ou croqués entiers et bien mastiqués (intéressants pour un développement harmonieux de la mâchoire chez les petits), les fruits consommés dès le plus jeune âge participent également à l'éducation au goût. Ainsi, vous offrez à vos enfants une palette plus large d'expériences gustatives et une ouverture essentielle à la curiosité, limitant l'uniformisation des goûts, des textures et des saveurs.

Bien choisir les fruits

Faut-il rappeler qu'il est indispensable de consommer les fruits non traités ? Qu'ils soient issus de vergers familiaux ou du commerce, choisissez des fruits naturels ou de qualité biologique. Peler un fruit ne suffit pas à le débarrasser des pesticides et des divers traitements subis, les « mauvaises » molécules pénétrant en leur cœur.
Si l'on suit le calendrier des saisons, on ne manque pas de fruits à déguster tout au long de l'année ! Pour certains d'entre eux, dont la saison est courte (petits fruits rouges), la congélation permet de les consommer plus régulièrement. Ce procédé de conservation n'entame pas les valeurs nutritionnelles des fruits. On trouve des fruits rouges biologiques surgelés seuls ou en mélange dans tous les maga-

2. L'étude portant sur 101 257 participants a été publiée le 10 juillet 2019 dans le *British Medical Journal*. Elle visait à étudier les associations entre la consommation de boissons sucrées et le risque de survenue de cancer.

sins bio et dans la plupart des super- et hypermarchés.
La déshydratation et la mise en bocaux sont également des solutions permettant de conserver un trop-plein de récolte.

Conservation

Afin de préserver les saveurs subtiles des fruits, mieux vaut éviter de les conserver au réfrigérateur ou en chambre froide. Privilégiez les caves fraîches ou simplement le panier de fruits sur la table, ce qui incite, de plus, à en consommer régulièrement.

Quand consommer les fruits ?

On entend souvent dire qu'il est préférable de consommer les fruits en dehors des repas, au moins trente minutes avant et jamais en dessert. Les arguments avancés sont divers : fermentation dans l'estomac, augmentation de l'acidité gastrique, ralentissement de la digestion… Mais qu'en est-il vraiment ?
Dans un article fort intéressant[3], Thierry Souccar, éditeur, journaliste et auteur scientifique spécialiste de la nutrition, explique que ces arguments sont infondés. Consommer des fruits au cours du repas serait même bénéfique, du fait que les fruits, en particulier les baies et les agrumes (tant diabolisés en cours de repas à cause de leur supposée acidité), permettraient d'activer des enzymes qui participeraient à l'évacuation des substances toxiques contenues dans notre alimentation (résidus de médicament, additifs, pesticides, alcool…). D'autres aliments favoriseraient également l'activation de ces enzymes : les crucifères, le curcuma, l'ail, l'oignon, le soja, le romarin, la sauge, le thym, le pissenlit et le thé.

Les fruits du livre par saison

Abricot : juin à août
Agrumes : novembre à mars
Cassis : juillet-août
Cerise : mai à juillet
Châtaigne : octobre-novembre
Coing : octobre
Figue : juillet à octobre
Fraise : mai à septembre
Framboise : juillet à octobre
Groseille : juin à août
Kiwi : décembre à avril
Melon : juillet à octobre
Mûre : août à octobre
Myrtille : juillet à septembre
Pêche : juillet à septembre
Poire : août à décembre
Pomme : toute l'année avec un creux en mai-juin
Prune : juillet à septembre
Raisin : septembre à novembre
Rhubarbe : mai-juin

3. https://www.lanutrition.fr/loeil-de-thierry-souccar/faut-il-manger-les-fruits-en-dehors-des-repas-

FRUITS DE PRINTEMPS ET D'ÉTÉ

L'ABRICOT

Pleine saison : de juin à août

Les abricots doivent être récoltés ou achetés à maturité car ils ne mûrissent pas après leur cueillette. C'est la garantie de profiter de fruits savoureux et sucrés à souhait. Mieux vaut les conserver à température ambiante car, comme le melon, ils perdent leur saveur si on les stocke au réfrigérateur. L'abricot s'apprécie aussi bien cru, en salade, que cuit, en dessert (gâteaux moelleux, tartes...) ou même en accompagnement de viandes, comme les volailles. Il se marie également bien avec le fromage, en coulis, en confiture ou en chutney. Sous sa forme séchée, on peut le consommer toute l'année, dans des tagines, ou simplement à croquer au moment du goûter. Fruit riche en bêtacarotène, comme la plupart des fruits et légumes de couleur orange, il apporte également des vitamines et des oligoéléments en bonnes proportions (notamment vitamine C, potassium et sodium) ainsi que des fibres.

SALADE D'ABRICOTS RÔTIS aux petits pois, menthe et pistache

Préparation : 15 min **Cuisson : 10 min**

POUR 2 OU 3 PERSONNES

- 200 g de petits pois écossés
- 4 ou 5 abricots
- 50 g de pistaches
- 1 petit oignon violet ou blanc
- 3 c. à soupe de jus de citron
- 3 c. à soupe d'huile d'olive
- Quelques feuilles de menthe
- Sel et poivre du moulin

1. Faites chauffer de l'eau et ébouillantez les petits pois écossés pendant 5 minutes.
2. Lavez et séchez les abricots, coupez-les en deux et enlevez les noyaux.
3. Dans une poêle huilée, faites dorer doucement les abricots, face tranchée côté poêle. Quand ils sont légèrement dorés, retournez-les 2 minutes, puis réservez.
4. Décortiquez les pistaches et coupez-les grossièrement au couteau.
5. Pelez et émincez l'oignon.
6. Mélangez l'ensemble des ingrédients dans un saladier.
7. Arrosez de jus de citron et d'huile d'olive.
8. Salez et poivrez. Décorez de quelques feuilles de menthe ciselée.
9. Mélangez délicatement avant de servir.

ABRICOTS FARCIS aux amandes

Préparation : 15 min (+ trempage 1 nuit)
Cuisson : 5 min

POUR 2 OU 3 PERSONNES

- 6 abricots

Pour la farce

- 100 g d'amandes entières
- 70 à 80 ml de lait d'amande
- 2 c. à soupe de miel

1. La veille, couvrez largement les amandes d'eau et laissez tremper 1 nuit.
2. Rincez et séchez les abricots. Coupez-les en deux et enlevez les noyaux (conservez-les, voir astuce p. 38).
3. Dans une poêle huilée, faites dorer doucement les abricots, face tranchée côté poêle. Quand ils sont légèrement dorés, retournez-les 2 minutes. Réservez.
4. Préparez la farce : rincez et pelez les amandes trempées. Hachez-les grossièrement dans un robot en donnant quelques impulsions, puis ajoutez le lait d'amande et le miel pour obtenir une pâte ferme.
5. Lorsque les abricots ont refroidi, déposez l'équivalent d'une petite cuillerée à café de farce dans une moitié et posez l'autre moitié par-dessus. Voici un goûter délicieux et pas trop sucré !

Variante

Vous pouvez remplacer les amandes par 4 cuillerées à soupe de purée d'amande (dans ce cas, ne mettez que 60 ml de lait d'amande).

ENTREMETS ABRICOT et basilic

Préparation : 20 min Cuisson : 20 min

POUR 4 PERSONNES

- 6 abricots
- 15 feuilles de basilic (+ 8 petites pour la décoration)
- 6 c. à soupe de sirop d'agave
- 200 ml de crème fleurette
- 100 g de mascarpone

Astuce zéro déchet

Confiture au parfum d'amande amère
Les amandes des noyaux d'abricot contiennent un composé toxique : le cyanure. Consommées en grande quantité, elles peuvent causer des troubles graves. Mais aucun risque si vous en ajoutez 2 ou 3 dans une confiture lors de la cuisson. Elles apporteront une délicieuse saveur d'amande amère.

1. Placez la crème et le mascarpone au frais.
2. Lavez les abricots, dénoyautez-les et coupez-les en petits morceaux. Placez-les dans une casserole et faites-les cuire avec les feuilles de basilic et 3 c. à soupe de sirop d'agave. Laissez compoter à petit feu pendant 20 minutes.
3. Dans un saladier ou un cul-de-poule, commencez à fouetter à petite vitesse la crème et le mascarpone avec le sirop restant.
4. Dans des verrines, répartissez la compotée d'abricots puis la crème fouettée. Décorez de petites feuilles de basilic. Placez au frais jusqu'au moment de servir. La crème au mascarpone restera bien ferme pendant plusieurs heures.

LA CERISE

Pleine saison : de mai à juillet

Les cerises se portent par deux aux oreilles mais elles se marient aussi très bien, cuites ou crues, aux desserts ou aux plats salés. La saison des cerises est courte, alors profitez vite de leurs bienfaits ! La cerise est riche en vitamine C, provitamine A, minéraux (cuivre) et antioxydants (anthocyanes). Privilégiez les variétés rouges et acidulées (griotte), plus riches en antioxydants que celles très sucrées comme les bigarreaux. Il existe plusieurs centaines de variétés allant du jaune au rouge foncé. La cerise est diurétique et anti-inflammatoire, elle est donc réputée pour son action calmante sur les problèmes articulaires. Les cures et monodiètes de cerise se pratiquent au printemps, à raison de deux jours par semaine pendant trois semaines. Les tisanes de queues de cerises peuvent venir en complément (voir astuce zéro déchet p. 22). Les cerises se conservent au réfrigérateur pendant une semaine et supportent très bien la congélation.

SALADE DE HARICOTS VERTS *al dente* aux cerises

Préparation : 15 min **Cuisson : 10 min**

POUR 2 OU 3 PERSONNES

- 1 œuf ou 4 anchois par personne (facultatif)
- 1 belle poignée de haricots verts
- 1 petit bol de cerises
- 1 dizaine d'olives vertes
- 1 oignon tige
- 1 c. à café de graines de sésame

Pour la sauce

- 1/2 jus de citron et son zeste
- 1 c. à soupe de sauce soja
- 1 c. à soupe de vinaigre de cidre
- Poivre du moulin

Astuce zéro déchet

Tisane de queues de cerises
Les queues de cerises en tisane ou en décoction sont réputées pour leurs propriétés d'élimination. Elles sont diurétiques et dépuratives mais contiennent également des flavonoïdes aux vertus antioxydantes et des minéraux. On les conseille dans le cadre de cures amincissantes et également dans la prévention de l'hypertension, grâce à la présence de potassium. Placez 2 à 3 c. à soupe de queues de cerises séchées dans 1 litre d'eau. Amenez à ébullition et maintenez à petits bouillons pendant 10 minutes. Laissez refroidir à couvert. Filtrez et buvez tout au long de la journée, après les repas.

1. Faites cuire l'œuf dur si vous avez choisi d'en ajouter un.
2. Équeutez les haricots verts (inutile d'équeuter la partie opposée au pédoncule) et coupez-les en tronçons de 2 cm.
3. Faites chauffer de l'eau dans une casserole. Plongez-y les haricots verts pendant 10 minutes. Conservez-les *al dente*, égouttez-les et passez-les rapidement sous l'eau fraîche.
4. Dénoyautez les cerises. Coupez les olives en morceaux.
5. Rincez et émincez l'oignon et sa tige.
6. Prélevez le zeste du citron. Coupez le citron en deux et pressez le jus d'une moitié (réservez l'autre pour une utilisation ultérieure). Préparez la sauce en assemblant ses composants.
7. Mélangez les ingrédients dans un saladier. Ajoutez l'assaisonnement. Mélangez délicatement et saupoudrez de graines de sésame.
8. Servez avec l'œuf dur ou les anchois.

CLAFOUTIS SALÉ aux cerises, courgette et fromage de chèvre

Préparation : 15 min **Cuisson : 20 min**

POUR 2 PERSONNES

- 2 œufs
- 10 cl de lait de soja
- 20 g de farine de blé
- 10 g de fécule
- 1 courgette
- 1 poignée de cerises dénoyautées
- 50 g de fromage de chèvre frais
- 1 c. à soupe de persil haché
- Un peu d'huile d'olive
- Sel et poivre

1. Préchauffez le four à 160 °C.
2. Fouettez les œufs dans un saladier. Ajoutez le lait de soja et incorporez la farine et la fécule. Salez et poivrez.
3. Lavez la courgette et coupez-la en fines rondelles.
4. Graissez un plat allant au four avec l'huile d'olive et versez la préparation liquide dedans.
5. Déposez les rondelles de courgette côte à côte. Ajoutez les cerises.
7. Émiettez le fromage de chèvre. Répartissez-le sur le plat avec le persil.
8. Enfournez pour 15 à 20 minutes.
9. Dégustez aussitôt ou laissez refroidir, c'est également excellent froid !

TIRAMISU aux cerises

Préparation : 20 min Cuisson : 20 min

POUR 3 À 4 PERSONNES

- 500 g de bigarreaux (ou cerises équivalentes)
- 3 c. à soupe de sucre
- 150 g de spéculoos
- 200 ml de crème fleurette

Astuce zéro déchet

Réutiliser les noyaux des cerises
Conservez les noyaux avec lesquels, une fois bien secs et propres, vous pouvez réaliser des petites bouillottes ou bien utilisez-les comme billes de pâtisserie lorsque vous faites cuire des pâtes à tarte à blanc.

1. Placez la crème fleurette au frais.
2. Lavez, équeutez et dénoyautez les cerises. Placez-les dans une casserole avec le sucre et ½ verre d'eau et laissez mijoter à petit feu à couvert pendant 20 minutes.
3. Réduisez les spéculoos en poudre grossière, soit à l'aide d'un robot en donnant juste quelques impulsions, soit en plaçant les biscuits dans un sachet et en écrasant le tout à l'aide d'un rouleau à pâtisserie.
4. Dans un saladier, fouettez la crème à vitesse douce et régulière jusqu'à obtenir une légère augmentation du volume. On ne cherche pas à faire une crème trop ferme.
5. Dans des verrines, répartissez les préparations. Commencez par une couche de biscuits, puis une couche de crème, puis de cerises, de biscuits, etc. Terminer par des cerises.
6. Placez au frais avant de déguster.

LA FIGUE

Pleine saison : de juillet à octobre

Selon les goûts, la figue se déguste à peine mûre ou bien mûre. Dans le premier cas, sa peau est plus épaisse et on note un goût de « vert » et une nette acidité due à la présence plus importante de latex (acide gallique), qui disparaît presque à complète maturité. On obtient alors un fruit à la peau fine, très sucré et juteux. Les figues se marient aussi bien avec les plats salés que sucrés. Si elles sont récoltées bien mûres, elles ne se conservent pas plus de deux jours. Vous pouvez les transformer en confiture, en chutney, ou encore les faire sécher. Elles contiennent des minéraux et oligoéléments (potassium, calcium et fer) mais sont assez pauvres en vitamines. Dans leur version séchée, elles constituent une bonne source de fibres.

GALETTES DE SARRASIN aux figues et à la feta

Préparation : 20 min Cuisson : 10 min
Repos : 2 h

POUR UNE DOUZAINE DE GALETTES

Pour les galettes

- 300 g de farine de sarrasin
- 1 c. à café de sel
- 700 ml d'eau
- 1 œuf
- Huile d'olive

Garniture pour 1 galette

- 1 tranche fine de jambon blanc
- 1 c. à soupe de compote de figues (voir p. 31)
- 30 à 40 g de feta coupée en dés
- Poivre

1. Placez la farine et le sel dans un saladier et formez un puits. Ajoutez l'eau progressivement et mélangez à l'aide d'un fouet (vous pouvez aussi utiliser un robot).
2. Lorsque le mélange est fluide, incorporez l'œuf puis laissez reposer la pâte pendant 2 heures.
3. Huilez une crêpière. Versez 1 louche de pâte. Dès que la première face est cuite, retournez-la.
4. Ajoutez sur chaque galette 1 tranche de jambon, 1 cuillère à soupe de compote de figues et des dés de feta. Poivrez. Repliez chaque côté de la crêpe sur la garniture ou bien formez un rouleau.
5. Conservez au chaud pendant que vous réalisez les autres galettes. Servez aussitôt.
6. Vous pouvez continuer jusqu'à épuisement de la pâte ou la conserver au frais pour le lendemain.

STRUDEL aux figues

Préparation : 30 min Cuisson : 45 min

POUR 6 PERSONNES

- 400 g de figues bien mûres
- 1 pâte feuilletée
- 40 g de noisettes
- 1 jaune d'œuf
- 1 c. à soupe de sucre glace
- Raisins secs (facultatif)

1 Lavez les figues et coupez-les en morceaux. Placez-les dans une casserole et faites-les cuire en compote à petit feu pendant environ 20 minutes. Laissez refroidir complètement.

2 Préchauffez le four à 180 °C.

3 Étalez la pâte feuilletée sur une plaque à pâtisserie recouverte de papier sulfurisé.

4 Répartissez la compote de figues sur la pâte en laissant quelques centimètres en haut et en bas. Ajoutez les noisettes.

5 Repliez les parties gauche et droite de la pâte sur la compote de manière à former un long chausson. Scellez le haut et le bas en appuyant légèrement du bout des doigts.

6 Badigeonnez de jaune d'œuf. Réalisez quelques incisions sur le chausson à l'aide de la pointe d'un couteau.

7 Enfournez pour 25 minutes. Le chausson doit ressortir doré.

8 Laissez refroidir. Dégustez tiède ou froid en saupoudrant de sucre glace et en décorant de quelques raisins secs (facultatif).

Astuce zéro déchet

Des papillotes parfumées biodégradables
Les feuilles de figuier ne se consomment pas mais elles peuvent être utilisées pour réaliser des papillotes diverses. Elles diffusent un parfum agréable, pendant la cuisson du poisson par exemple. Elles servaient autrefois pour cailler le lait grâce à l'acidité contenue dans le suc blanc de leurs nervures. Soyez d'ailleurs prudent lors de la récolte, ce suc est irritant et peut causer des dommages cutanés : portez des manches longues et évitez le contact avec la peau. Vous pourrez ainsi profiter du parfum envoûtant des feuilles de figuier.

Sucre glace maison

Si vous n'avez pas de sucre glace, inutile d'en acheter. Vous pouvez en réaliser en mixant pendant quelques minutes du sucre blond dans un robot puissant.

LE MELON

Pleine saison : de juillet à octobre

Le melon doit être lourd et légèrement parfumé au moment de l'achat. Il faut alors le consommer assez rapidement. Facile à transporter, c'est l'allié des pique-niques estivaux. Il permet aussi de réaliser de délicieux sorbets, confitures ou chutneys. Très riche en eau, il est désaltérant et hydratant. Il contient des vitamines A (bêtacarotène) et C qui lui confèrent des vertus antioxydantes et anti-inflammatoires ; ses fibres complètent son profil nutritionnel, particulièrement intéressant.

CARPACCIO MELON ET TOMATE *mozzarella di Bufala*

Préparation : 15 min

POUR 2 PERSONNES

- $^{1}/_{2}$ melon
- 2 tomates
- 1 boule de *mozzarella di Bufala*
- 1 pincée de thym
- 1 c. à soupe de gomasio
- 1 filet d'huile d'olive
- Sel et poivre du moulin

1. Pelez le melon et coupez-le en tranches fines.
2. Coupez les tomates en fines rondelles.
3. Disposez-les joliment dans un plat puis déposez la mozzarella au centre.
4. Saupoudrez de thym et de gomasio. Salez et poivrez. Arrosez d'un filet d'huile d'olive.

BOISSON GLACÉE au melon et à la caroube

Préparation : 5 min Cuisson : 5 min

POUR 1 PERSONNE

- 1/4 de melon
- 2 c. à soupe de caroube en poudre (ou de poudre de cacao)
- 30 cl de lait de noisette

1. Pelez le melon et coupez-le en dés.
2. Diluez la poudre de caroube dans le lait de noisette. Faites chauffer à feu doux. Une fois la poudre bien dissoute, ajoutez les dés de melon. Couvrez et laissez refroidir.
3. Mixez le tout. Dégustez bien frais en ajoutant quelques glaçons.

Astuce zéro déchet

Écorces de melon à l'aigre-doux
Mettez à chauffer dans une casserole 10 cl de vinaigre de cidre, 10 cl d'eau, 3 c. à soupe de sirop d'agave ou 4 de sucre blond, 1 c. à café de graines de moutarde, 1 c. à café de graines de fenouil, 1 c. à café de graines de coriandre et 3 clous de girofle.
Lorsque le mélange est chaud, versez-le sur la peau d'un melon à peau lisse coupée en morceaux et placée dans un bocal.
Patientez 3 semaines avant de déguster.
Si vous utilisez un melon à la peau « brodée », prenez soin de le peler légèrement pour retirer les « veines ».

LA PÊCHE

Pleine saison : de juillet à septembre

La pêche est sensible aux changements climatiques : un orage suffit pour que vous retrouviez vos pêches blettes. Alors consommez-les rapidement après la récolte. Juteuses et savoureuses, elles conviennent aussi bien aux pâtisseries et aux salades de fruits qu'aux recettes salées, crues ou cuites : viandes ou poissons, carpaccios... Le brugnon, fruit du brugnonier, est une variété de pêche dont il se distingue par sa peau lisse, celle de la pêche étant duveteuse. La nectarine, proche cousine du brugnon et de la pêche, a la peau lisse et brillante mais son noyau n'adhère pas à la chair comme c'est le cas pour le brugnon. On consomme ces variétés de la même manière. Riche en provitamines A et C et en potassium et calcium, la pêche donne bon teint... le fameux « teint de pêche » ! Alors ne lui résistez pas et profitez de sa courte saison.

AUBERGINES CONFITES aux pêches et à la feta

Préparation : 20 min Cuisson : 25 min

POUR 2 PERSONNES

- 2 petites aubergines
- 3 gousses d'ail
- 1 oignon rouge
- 2 pêches
- 1 tranche de feta
- Huile d'olive
- 1 brin de lavande
- Sel et poivre

1. Lavez et séchez les aubergines. Coupez-les en deux dans le sens de la longueur. Incisez la chair en plusieurs endroits.
2. Pelez et dégermez les gousses d'ail et émincez-les. Insérez les tranches d'ail dans les incisions des aubergines. Arrosez d'huile d'olive. Salez et poivrez.
3. Pelez l'oignon et coupez-le en tranches fines. Faites de même avec les pêches, mais sans les peler.
4. Émiettez la feta.
5. Préchauffez le four à 160 °C.
6. Retirez les fleurs de lavande de leur tige.
7. Intercalez des tranches de pêches et d'oignon sur les aubergines. Ajoutez les miettes de feta et les fleurs de lavande.
8. Enfournez pour 25 minutes. Dégustez à la sortie du four.

Astuce zéro déchet

Recycler les noyaux de pêche
Vous pouvez préparer une liqueur de noyaux de pêche ou tenter de planter un noyau pour le faire germer. À Cransac, petit village de l'Aveyron, plusieurs bâtiments publics (école, cantine, gymnase…) sont chauffés grâce aux noyaux de pêche, d'abricot et de prune qui, broyés et séchés, alimentent une chaudière biomasse. Alors pourquoi pas, à notre échelle, conserver les noyaux pour notre poêle ou notre cheminée ?

FRICASSÉE DE POULET à l'orge et aux pêches

Préparation : 20 min Cuisson : 40 min

POUR 2 OU 3 PERSONNES

- 2 pattes de poulet
- 120 g d'orge perlé
- 1 oignon fane
- 1 c. à soupe rase d'arrow-root (ou de farine blanche)
- 400 ml d'eau
- 2 clous de girofle
- 1 rondelle de citron
- 3 pêches jaunes ou blanches
- 1 brin de persil
- 1 brin de romarin
- Huile d'olive
- Sel et poivre

1 Détachez les pilons des hauts de cuisse de poulet. Faites-les dorer légèrement dans une cocotte avec un peu d'huile d'olive.

2 Pendant ce temps, rincez et égouttez l'orge, hachez le persil, détaillez l'oignon et ses fanes.

3 Une fois le poulet doré, réservez-le.

4 Ajoutez 1 c. à soupe d'huile, l'arrow-root, l'oignon et l'orge dans la cocotte. Remuez avec une cuillère en bois. Ajoutez l'eau, les clous de girofle, le romarin, la rondelle de citron et le persil. Salez et poivrez. Couvrez et laissez mijoter 20 minutes.

5 Lavez les pêches, dénoyautez-les et coupez-les en quatre.

6 Ajoutez le poulet et les pêches dans la cocotte et poursuivez la cuisson pendant 20 minutes.

7 Servez aussitôt ou réchauffez doucement avant de servir.

CAKE DE MAÏS aux pêches et au citron vert

Préparation : 30 min Cuisson : 25 min

POUR 8 PERSONNES

- 120 g de farine de maïs
- 80 g de farine de riz
- 100 g de sucre blond
- 1 c. à café de bicarbonate de soude
- 80 ml d'huile d'olive
- 3 œufs
- 4 pêches

Pour le sirop

- 2 citrons verts
- 3 c. à soupe de sucre glace

Pour le glaçage

- 150 g de *cream cheese*
- 1/2 jus de citron vert
- 2 c. à soupe de sucre glace

1 Préchauffez le four à 180 °C.

2 Dans un saladier, mélangez les farines, le sucre et le bicarbonate. Formez un puits. Versez l'huile puis incorporez les œufs un à un jusqu'à obtenir un mélange fluide.

3 Coupez les pêches en morceaux.

4 Versez la moitié de la pâte dans un moule beurré. Ajoutez les morceaux de pêche et versez le reste de la pâte.

5 Enfournez pour 25 minutes, jusqu'à ce que le cake soit légèrement coré.

6 Pendant ce temps, préparez le sirop : prélevez le zeste des 2 citrons et réservez-le. Pressez le jus et dissolvez le sucre dans le jus de citron sur feu très doux. Réservez.

7 Pour le glaçage : dans un bol, mélangez le *cream cheese*, le jus de citron et le sucre glace.

8 À la sortie du four, versez le sirop de citron vert sur le cake et laissez refroidir avant de démouler.

9 Étalez le glaçage sur le cake et saupoudrez du zeste de citron râpé.

LA PRUNE (ET LA MIRABELLE)

Pleine saison : de juillet à septembre

Les prunes sont diurétiques et laxatives grâce à leur haute teneur en fibres. Fraîches, elles apportent calcium et potassium. Séchées (prunes d'ente), ce sont des concentrés d'antioxydants, bien plus que tous les fruits séchés, grâce notamment à leur teneur en vitamines A et E. Les prunes se marient très bien avec les amandes dans les tartes juteuses et parfumées mais s'apprécient également, après cuisson rapide, avec les fromages ou les viandes. On peut les transformer facilement en confitures ou en coulis. Quetsches, mirabelles et reines-claudes sont les principales variétés disponibles en France sur les 400 que compte le genre *Prunus*.

SALADE DE PRUNES et carottes rôties

Préparation : 15 min Cuisson : 25 min

POUR 3 PERSONNES

- 6 carottes moyennes
- 6 prunes rouges et jaunes
- 2 c. à soupe d'huile d'olive
- 10 feuilles de sauge
- Poivre

Pour la sauce

- 2 c. à soupe de vinaigre d'umeboshi
- 1 c. à soupe de sauce soja
- 3 c. à soupe d'huile d'olive

1. Brossez les carottes et coupez-les dans le sens de la longueur.
2. Lavez et séchez les prunes, coupez-les en deux et retirez les noyaux.
3. Enrobez les carottes d'huile d'olive et poivrez.
4. Disposez les carottes et les prunes face bombée sur une plaque à pâtisserie recouverte de papier sulfurisé. Ajoutez les feuilles de sauge entières ou émiettées.
5. Enfournez pour 20 à 25 minutes. Retournez les carottes et les prunes à mi-cuisson.
6. Préparez la sauce dans un bol en mélangeant tous les ingrédients.
7. Sortez la plaque du four. Dégustez tiède avec la sauce vinaigrette.

À savoir

Les umeboshis sont des petites prunes japonaises consommées après fermentation, soit entières, soit sous forme de pâte ou de vinaigre. Le goût est fruité, mêlé d'une forte acidité.

TARTE AUX PRUNES et au thym

Préparation : 20 min Cuisson : 25 min

POUR 6 PERSONNES

- 4 prunes jaunes
- 4 prunes rouges
- 1 pâte brisée
- 1 c. à soupe de graines de lin moulues
- 4 c. à soupe de poudre d'amande
- 1 c. à soupe de thym séché
- 4 c. à soupe de sucre complet (rapadura ou muscovado)

1. Préchauffez le four à 180 °C.
2. Lavez et séchez les prunes. Coupez-les en deux et retirez les noyaux.
3. Garnissez un moule à tarte avec la pâte.
4. Saupoudrez le fond de graines de lin et de poudre d'amande. Elles vont absorber l'humidité rendue par les prunes au cours de la cuisson.
5. Disposez les prunes en intercalant les couleurs. Saupoudrez de thym et de sucre.
6. Enfournez pour 25 minutes.
7. Laissez refroidir avant de déguster.

Astuce zéro déchet

L'awalé, jeu traditionnel africain
L'awalé est un jeu de stratégie mathématique, un jeu de « semailles ». Il existe différentes règles que vous pourrez découvrir sur Internet. Il faut disposer de 48 noyaux (de mirabelle, par exemple) et d'un support de 2 fois 6 cases. Une boîte vide de 12 œufs fait parfaitement l'affaire !

LA RHUBARBE

Pleine saison : mai-juin

Amateurs d'acidité, la rhubarbe est faite pour vous ! Consommée généralement cuite en compote ou en confiture, elle permet également de réaliser de délicieux sirops ou sorbets. Elle accompagne très bien les viandes comme le porc ou le poulet. On peut la consommer crue mais elle est très acide. Pour atténuer cette forte acidité, on peut en faire mariner les tronçons dans quelques cuillerées de sucre. Si les tiges sont jeunes, il est généralement inutile de les éplucher. Pour les tiges plus avancées, on peut retirer les fibres avec un épluche-légumes avant de les couper en tronçons. Seuls les pétioles (bâtons de rhubarbe) sont consommables, les feuilles étant toxiques (forte concentration d'acide oxalique). Elles provoquent nausées, vomissements, crampes abdominales et autres désagréments... La rhubarbe est déconseillée aux personnes souffrant de coliques néphrétiques. La rhubarbe est riche en vitamine C, en minéraux dont le potassium et le phosphore, mais également en magnésium et en calcium. Sa richesse en fibres en fait un aliment relativement laxatif.

RHUBARB

PICKLES à la rhubarbe

Préparation : 15 min **Cuisson : 5 min**
Conservation : plusieurs mois

POUR 2 PETITS BOCAUX

- 15 cl de vinaigre de pomme
- 2 c. à soupe de sucre
- 1 c. à café de sel
- 3 tiges de rhubarbe
- 1 c. à soupe de graines de moutarde
- 1 c. à soupe de baies de genièvre

1. Faites chauffer le vinaigre avec le sucre et le sel jusqu'à ce qu'ils soient dissous.
2. Lavez la rhubarbe, retirez les gros fils extérieurs et coupez en fins tronçons.
3. Déposez la rhubarbe dans les bocaux et alternez avec des graines de moutarde et des baies de genièvre.
4. Recouvrez complètement de vinaigre chaud. Laissez refroidir et conservez au frais.
5. Dégustez dès le lendemain. Les pickles sont comparables aux cornichons. Ajoutez-les aux salades, dégustez avec de la viande froide ou garnissez des sandwichs.

VERRINE ACIDULÉE rhubarbe et fromage de chèvre

Préparation : 10 min Cuisson : 20 min

POUR 2 PERSONNES

- 400 g de tiges de rhubarbe
- 150 g de sucre blond
- 40 cl de crème liquide entière (placée au réfrigérateur)
- 200 g de fromage frais de chèvre
- Baies roses

1 Pelez et coupez les tiges de rhubarbe et faites-les cuire avec le sucre à feu très doux et à couvert, pendant 20 minutes. Réservez.

2 À l'aide d'un batteur, fouettez la crème en chantilly.

3 Dans un grand bol, lissez le fromage de chèvre à l'aide d'un fouet. Incorporez-y la chantilly en réservant 2 c. à soupe.

4 Répartissez la préparation dans des coupes, ajoutez la rhubarbe, 1 cuillerée de chantilly et parsemez de quelques baies roses.

CROQUANTS à la rhubarbe

Préparation : 30 min
Repos : 30 + 15 min
Cuisson : 30 min

POUR 8 PERSONNES

- 3 tiges de rhubarbe
- 1 jus de citron
- 4 c. à soupe de sirop d'agave
- 100 g de petits flocons de sarrasin (ou, à défaut, d'avoine)
- 80 g de sucre
- 1/2 c. à café de bicarbonate de soude
- 100 g de poudre d'amande
- 80 g de farine de blé T80
- 80 g d'huile de coco
- 1 œuf

1. Lavez la rhubarbe. Retirez seulement les gros fils. S'il n'y en a pas, grattez simplement les tiges et coupez-les en tronçons de 0,5 cm. Arrosez de jus de citron, ajoutez le sirop d'agave, mélangez et laissez reposer 30 minutes.
2. Mélangez tous les ingrédients secs dans un saladier.
3. Faites fondre l'huile de coco et ajoutez au contenu du saladier. Sablez du bout des doigts.
4. Fouettez légèrement l'œuf. Incorporez-le au mélange à la fourchette. Formez un mélange plus ou moins homogène. Tassez au fond du saladier et réservez au frais pendant 15 minutes.
5. Préchauffez le four à 180 °C.
6. Tapissez un moule carré ou rectangulaire de papier sulfurisé.
7. Étalez la moitié de la pâte en la tassant légèrement. Répartissez dessus les tronçons de rhubarbe. Couvrez avec le reste de pâte. Arrosez enfin avec le jus de la marinade.
8. Enfournez pour 30 minutes.

LE CASSIS

Pleine saison : juillet-août

Très riche en vitamine C, vitamines du groupe B, anthocyanes, flavonoïdes et minéraux (magnésium, potassium), le cassis aurait des effets protecteurs sur le système cardiovasculaire. Cousin du groseillier (famille des Grossulariacées) et peu exigeant, cet arbrisseau se cultive facilement dans les jardins. Il se plante ou se bouture à l'automne et donne ses fruits entre juillet et août. On le trouve aussi à l'état sauvage, en altitude dans l'hémisphère Nord. Le cassis est un fruit fragile. Si vous ne le dégustez pas frais dans les vingt-quatre heures, transformez-le en sirop, en confiture, faites-le sécher ou congelez-le en prenant soin de le placer sur un plateau avant de mettre en sachets (ainsi vous pourrez prélever les baies au fur et à mesure de vos besoins sans les écraser).

SALADE D'ORANGE au cassis

Préparation : 25 min

POUR 2 PERSONNES

- 3 à 4 oranges
- 70 g de cassis
- 1 petit oignon rouge
- 2 brins de coriandre
- 10 amandes ou 2 c. à soupe d'amandes effilées
- 3 c. à soupe d'huile d'olive
- Sel et poivre du moulin

1. Pelez les oranges à vif et prélevez les suprêmes à l'aide d'un grand couteau.
2. Lavez et égouttez le cassis. Retirez les baies des branches.
3. Pelez et émincez l'oignon rouge.
4. Lavez et ciselez la coriandre.
5. Rincez les amandes et émincez-les au couteau.
6. Mélangez tous les ingrédients dans un saladier.
7. Arrosez d'huile d'olive, salez et poivrez. Mélangez et conservez au frais jusqu'au moment de servir.

Astuce zéro déchet

Tisane de feuilles de cassis
Les feuilles de cassis sont réputées pour leurs propriétés antirhumatismales et diurétiques. Elles permettent de diminuer les douleurs articulaires liées aux rhumatismes ou à l'arthrose. On leur attribue aussi des vertus antifatigue et antistress. Préparez une tisane à partir de feuilles sèches. Cette tisane est déconseillée en cas de grossesse.

BLANC LIMÉ au sirop de cassis

Préparation : 15 min Cuisson : 20 min

POUR 2 PERSONNES

Pour le sirop express
- 50 g de cassis frais
- 3 c. à soupe de sirop d'agave

Pour le kir
- 2/3 de vin blanc sec type sauvignon bien frais
- 1/3 d'eau pétillante bien fraîche
- 2 rondelles de citron vert
- 4 feuilles de menthe
- Glaçons

1. Faites cuire les grains de cassis avec le sirop d'agave et un fond d'eau pendant 20 minutes.
2. Mixez la préparation puis passez au chinois pour retirer toutes les petites graines.
3. Versez 1 c. à soupe de coulis dans chaque verre, puis le vin blanc et l'eau pétillante.
4. Ajoutez dans chaque verre 1 rondelle de citron vert, 2 feuilles de menthe ciselées et des glaçons.
5. Dégustez aussitôt.

TRUFFES au chocolat et au cassis

Préparation : 30 min Cuisson : 15 min
Repos au frais : 30 min

POUR 2 OU 3 PERSONNES

- 150 g de chocolat noir
- 40 g de cassis
- 20 g de sucre complet
- 150 ml de crème d'avoine
- Cacao ou caroube en poudre

1. Concassez le chocolat en petits morceaux à l'aide d'un couteau.
2. Rincez le cassis et faites-le cuire dans une casserole avec le sucre complet pendant environ 10 minutes. Lorsque les graines éclatent, ajoutez la crème d'avoine et maintenez à petits frémissements pendant quelques minutes.
3. Hors du feu, ajoutez le chocolat. Laissez reposer 5 minutes avant de mélanger avec une cuillère en bois.
4. Lorsque le mélange est homogène, versez dans un plat creux et laissez refroidir complètement.
5. Versez la poudre de cacao dans une coupelle.
6. Prélevez 1 c. à soupe de la préparation et formez une truffe entre vos mains légèrement humides. Roulez la truffe dans le cacao.
7. Réalisez toutes les truffes et placez-les au frais au moins 30 minutes avant de déguster.

LA FRAISE

Pleine saison : de mai à septembre (voire octobre pour les variétés tardives)

Source de vitamine C, de polyphénols antioxydants (anthocyanes), de caroténoïdes (zéaxanthine, bêtacarotène, lycopène), de minéraux (phosphore, calcium, magnésium…) et de fibres, la fraise prévient les maladies cardiovasculaires et inflammatoires. C'est un régulateur de transit et on peut l'utiliser en externe comme masque de beauté, pour assainir et tonifier la peau. Le fraisier demande une terre riche et une exposition ensoleillée. On peut le cultiver aussi bien en pleine terre qu'en bac, il a donc toute sa place sur un balcon. Selon les variétés cultivées, tardives ou précoces, on peut déguster les fraises dès le mois de juin (variétés précoces comme la gariguette) et jusqu'en août (variétés tardives comme la mara des bois). Les fraises se conservent mal et sont sensibles aux variations météorologiques, tout comme les pêches. Elles se consomment plutôt crues, en salades, tartes ou boissons. Mais les inconditionnels de la confiture peuvent en profiter tout au long de l'année si une belle récolte le permet !

CHEESECAKE aux fraises

Préparation : 15 min **Cuisson : 5 min**

POUR 2 OU 3 PERSONNES

Pour le coulis de fraises

- 1 barquette de 250 g de fraises
- 2 c. à soupe de sirop d'agave ou autre sirop (j'ai utilisé du sirop d'angélique maison)

Pour le biscuit

- 150 g de *cream cheese*
- 1/2 yaourt
- 2 c. à soupe de sirop d'agave ou autre sirop (sirop d'angélique)
- 8 biscuits roses de Reims (facultatif)
- 2 ou 3 feuilles de menthe

1. Lavez les fraises. Réservez-en 2 ou 3 entières et coupez les autres en petits dés. Faites-les cuire doucement dans une casserole avec le sirop pendant 5 minutes. Laissez refroidir.
2. À l'aide d'un fouet, mélangez le fromage avec le yaourt et le sirop.
3. Coupez les biscuits au couteau pour les réduire en miettes grossières.
4. Remplissez le fond de coupes individuelles de ces miettes. Alternez ensuite le fromage et le coulis de fraises. Terminez en ajoutant les fraises fraîches réservées et 1 feuille de menthe.
5. Placez au frais jusqu'au moment de servir.

Astuce zéro déchet

Eau fruitée aux queues de fraises

Ne jetez pas les queues de fraises ! Couvrez-les d'eau chaude ou tiède sucrée légèrement avec un sirop, du miel ou du sucre. Laissez refroidir et placez au frais. Vous obtiendrez une eau désaltérante au doux parfum de fraise.

BAVAROIS aux fraises

Préparation : 30 min Cuisson : 10 min
Réfrigération : 2 h 45

POUR 2 OU 3 PERSONNES

Pour le biscuit

- 50 g de kasha
- 50 ml de lait d'avoine
- 2 c. à soupe de sirop d'agave
- 1 c. à soupe d'huile de coco liquéfiée

Pour la crème

- 250 g de fraises
- 80 ml d'eau
- 2 c. à soupe de sirop d'agave
- 2 g d'agar-agar
- 4 c. à soupe bombées de crème fraîche épaisse

1 Mixez tous les ingrédients du biscuit et répartissez cette préparation au fond d'un cercle à pâtisserie de 15 cm de diamètre. Réservez au frais.

2 Lavez les fraises, équeutez-les, puis coupez-les en deux. Faites-les cuire à feu doux dans une petite casserole avec 80 ml d'eau, le sirop d'agave et l'agar-agar pendant 10 minutes. Réservez le sirop.

3 Laissez refroidir les fraises pendant 10 minutes puis mixez rapidement avec la crème fraîche.

4 Versez sur le biscuit et placez au congélateur pendant 30 minutes, le temps que la crème fige.

5 Faites chauffer à petit feu le sirop de fraises. Dès que la crème aux fraises a pris, versez le sirop et replacez au congélateur pendant 15 minutes.

6 Conservez ensuite au réfrigérateur pendant 2 heures avant de déguster.

LA FRAMBOISE

Pleine saison : de juillet à octobre

Source de vitamines (notamment vitamine C), de polyphénols et de bêtacarotène, la framboise est surtout précieuse pour sa richesse en fibres et en minéraux. Tout comme la fraise, elle peut être utilisée en masque pour la peau grâce à ses vertus hydratantes, tonifiantes et purifiantes.
Les framboisiers apprécient les sols légers riches en humus et n'ont pas besoin d'une exposition ensoleillée (mi-ombre). Dès la deuxième année, cet arbrisseau commence à donner des fruits et fructifie abondamment la troisième année. Si l'on opte pour une variété remontante, on peut récolter ses fruits dès le mois de juin et jusqu'aux gelées.
Fragiles, les framboises doivent se déguster rapidement après récolte. On les apprécie crues, bien sûr, mais en cas de grosse récolte, on peut en profiter plus longtemps et les conserver sous forme de vinaigre, confiture ou gelée et sirop.

FRAMBOISE

SALADE DE FETA ET CRESSON
sauce framboise

Préparation : 20 min

POUR 2 OU 3 PERSONNES

- 1 barquette de framboises
- 1 poignée de cresson
- 100 g de feta

Pour la sauce

- 5 framboises de la barquette
- 2 c. à soupe de vinaigre de cidre
- 4 c. à soupe d'huile d'olive
- Sel et poivre

1. Lavez et égouttez les framboises.
2. Lavez et essorez le cresson avant de le couper grossièrement (enlevez juste les grosses tiges).
3. Râpez la feta.
4. Mixez tous les composants de la sauce dans un blender.
5. Assemblez tous les ingrédients dans un saladier. Ajoutez la sauce et enrobez le tout délicatement.

MOUSSE DE FRAMBOISES au tofu soyeux

Préparation : 10 min
Repos au frais : 2 h au minimum

POUR 2 PERSONNES

- 120 g de framboises
- 120 g de tofu soyeux
- 2 c. à soupe de sirop d'agave

1 Rincez et égouttez les framboises.

2 Mixez-les longuement avec le tofu et le sirop dans un blender. Cette étape est importante afin de faire entrer des bulles d'air dans la mousse.

3 Versez dans des ramequins et placez au frais pendant au moins 2 heures. Ce temps de repos est nécessaire pour que la texture devienne bien mousseuse et ferme.

LA GROSEILLE

Pleine saison : de juin à août

Bonne source de vitamine C et de fibres, la groseille est recommandée pour les intestins paresseux grâce à son effet légèrement laxatif. Attention aux petites graines qui peuvent irriter les intestins fragiles. Les groseilles accompagnent les poissons ou les gibiers (c'est l'un des ingrédients de la sauce grand veneur). Mais elle trouve surtout sa place dans des salades de fruits, auxquelles elle apporte une note acidulée.

SALADE DE TOMATES
sauce vinaigrette aux groseilles à maquereau

Préparation : 10 min

POUR 2 PERSONNES

- 2 belles tomates anciennes
- 1 échalote
- Herbes aromatiques : 3 brins de persil ou 1 brin d'estragon ou 1 oignon et/ou des feuilles de basilic
- Quelques groseilles
- Poivre

Pour la sauce

- 1 vingtaine de groseilles à maquereau
- 3 c. à soupe de vinaigre de cidre
- 4 c. à soupe d'huile d'olive
- 1 c. à café de sauce soja

1. Rincez les tomates et coupez-les en rondelles fines pour les présenter en carpaccio dans des assiettes individuelles.
2. Pelez et émincez l'échalote. Lavez et ciselez les herbes aromatiques.
3. Rincez les groseilles, coupez-les en deux. Répartissez le tout dans les assiettes et poivrez.
4. Pour la sauce : mixez les groseilles dans un petit robot, ajoutez le vinaigre, l'huile et la sauce soja.
5. Arrosez la salade de sauce et dégustez aussitôt.

MILK-SHAKE groseille-spiruline

Préparation : 5 min

POUR 1 PERSONNE

- 60 g de groseilles
- 1 c. à soupe de spiruline
- 40 cl de lait végétal
- 1 c. à soupe de sirop d'agave
- 1 c. à soupe de jus de citron

1 Rincez les groseilles.

2 Associez tous les ingrédients dans un blender et mixez. Vous obtenez une boisson onctueuse et hautement énergétique, à boire rapidement.

Conseils

- À consommer en cure sans dépasser 1 c. à soupe de spiruline par personne et par jour.
- Vous pouvez trouver du cassis surgelé ou en mélange avec d'autres fruits.

BROWNIES
aux noix de cajou et groseilles

Préparation : 30 min Cuisson : 25 min
Repos : 1 h

POUR 4 PERSONNES

- 120 g de groseilles
- 100 g de chocolat noir
- 40 g de beurre salé
- 40 g de sucre complet
- 80 g de noix de cajou
- 2 œufs
- 50 g de farine de sarrasin ou de châtaigne
- $^1/_2$ c. à café rase de bicarbonate de soude

1. Préchauffez le four à 180 °C.
2. Égrainez les groseilles, rincez-les et laissez-les égoutter ou séchez-les délicatement.
3. Au bain-marie, faites fondre le chocolat, le beurre et le sucre en mélangeant avec une cuillère en bois pour que la préparation soit homogène. Ajoutez les groseilles et les noix de cajou grossièrement coupées au couteau et laissez reposer à couvert.
4. Séparez les blancs d'œufs des jaunes.
5. Battez les blancs d'œufs en neige ferme.
6. Ajoutez les jaunes au chocolat.
7. Mélangez la farine avec le bicarbonate.
8. À l'aide d'une spatule, incorporez les blancs d'œufs au chocolat tout en ajoutant la farine.
9. Versez dans un moule rectangulaire chemisé.
10. Enfournez pour 15 à 20 minutes.
11. Laissez complètement refroidir avant de déguster.

LA MÛRE

Pleine saison : d'août à octobre

La mûre a un profil nutritionnel semblable à celui de la framboise à condition de la consommer sauvage et non cultivée de manière intensive (on trouve des mûres dans le commerce, mais elles sont plus grosses et n'ont aucun goût). Si votre récolte est abondante et que vous ne les consommez pas au cours de la promenade, vous pouvez congeler les mûres pour en agrémenter les salades de fruits ou les tartes tout au long de l'année. Elles s'ajoutent aux gâteaux comme les moelleux, les gâteaux au yaourt ou les clafoutis. Bien sûr, rien ne vaut une bonne confiture de mûres mais c'est en les mangeant crues que vous profiterez le mieux de leur teneur en vitamine C. Attention aux taches !

ASPIC de mûres

Préparation : 20 min Cuisson : 35 min

POUR 2 OU 3 PERSONNES

- 220 g de mûres (ou un mélange de fruits rouges)
- 50 cl d'eau
- 80 g de sucre
- 1 c. à café rase d'agar-agar
- 2 c. à soupe de crème liquide

1. Rincez les mûres.
2. Faites-les cuire dans 50 cl d'eau avec le sucre pendant 30 minutes à feu très doux.
3. Mixez au blender. Passez au chinois pour ôter toutes les graines (réservez le résidu de graines, voir astuce).
4. Mesurez le liquide une fois refroidi. Vous devriez obtenir environ 40 cl de jus.
5. Ajoutez l'agar-agar et la crème et remettez sur le feu. Aux premiers petits bouillons, comptez 1 minute, puis versez la préparation dans des coupes individuelles.
6. Laissez refroidir avant de déguster.

Astuce zéro déchet

Sirop de mûres avec le résidu de graines
Après la confection de confiture, il reste des graines et des résidus dans le tamis.
Faites cuire les graines de mûres avec 1 l d'eau et 400 g de sucre blond à petit feu pendant 1 h 15, en remuant de temps en temps.
Évitez le point d'ébullition. Filtrez et mettez en bouteille.

GÂTEAU AU YAOURT aux mûres

Préparation : 15 min Cuisson : 25 min

POUR 6 À 8 PERSONNES

- 1/2 yaourt
- 1/2 pot de sirop d'agave
- 2 œufs
- 2 pots de farine
- 1 c. à café rase de bicarbonate de soude
- 1 pincée de sel
- 1/2 pot d'huile d'olive
- 100 g de mûres (ou un mélange de fruits rouges)
- 1 c. à soupe de graines de pavot

1. Préchauffez le four à 180 °C.
2. Versez le yaourt dans un saladier. Ajoutez tout en mélangeant le sirop d'agave, les œufs un à un, la farine, le bicarbonate, le sel et enfin l'huile d'olive.
3. Ajoutez les mûres et mélangez délicatement.
4. Versez la préparation dans un moule graissé. Saupoudrez de graines de pavot.
5. Enfournez pour 25 minutes.
6. Laissez refroidir avant de démouler.

Astuce zéro déchet

Crackers sucrés aux graines de mûres
Mélangez soigneusement 4 c. à soupe bombées de résidus de graines de mûres avec 2 c. à soupe de polenta, 3 c. à soupe d'huile de coco liquide, 1 c. à soupe rase de graines de lin et 20 cl de lait végétal. Laissez reposer 30 minutes. Préchauffez le four à 170 °C. Étalez la pâte sur une plaque à pâtisserie recouverte de papier sulfurisé, sur une épaisseur de quelques millimètres. Enfournez pour 10 minutes. Laissez refroidir.

LA MYRTILLE

Pleine saison : de juillet à septembre

Les myrtilles sont les fruits des yeux. Grâce à leur teneur en antioxydants, elles ont des effets préventifs contre la cataracte et la dégénérescence de la rétine. Elles auraient également des vertus anticancer, elles soulageraient le diabète et préviendraient les troubles de la mémoire. Rien ne vaut les espèces sauvages qui poussent en altitude, mais il est possible de planter des variétés hybrides dans nos jardins, dans un sol riche en humus et dépourvu de calcaire. Les myrtilles sont polyvalentes : jus, tartes, gâteaux, sorbet, confiture ou gelée, elles s'apprécient aussi cuites avec des poissons et certaines viandes comme les volailles.

PORRIDGE DE RIZ NOIR aux myrtilles

Préparation : 20 min Cuisson : 40 min

POUR 2 PERSONNES

- 100 g de riz noir (Venere, riz noir de Camargue... Attention, pas de « riz » sauvage qui n'est pas un riz)
- 40 cl d'eau
- 20 cl de lait végétal
- 1 bol de myrtilles (ou de fruits rouges)
- 2 c. à soupe de miel ou sirop d'agave

1 Rincez le riz et faites-le cuire 30 minutes dans l'eau à petit feu. Cette étape peut être réalisée la veille.

2 Versez le lait végétal sur le riz et faites chauffer doucement pendant 10 minutes en ajoutant les fruits rincés et égouttés et le miel. Dégustez tiède.

SCONES aux myrtilles

Préparation : 20 min **Cuisson : 15 min**
Conservation : quelques jours dans un sachet kraft ou une boîte métallique

POUR 20 PETITS SCONES

- 20 g de baies de goji
- 270 g de farine de blé T65
- 2 c. à soupe de sucre
- 1 c. à soupe de poudre à lever
- 60 g de beurre
- 15 cl de lait végétal
- 60 g de myrtilles
- 1 œuf battu
- 1 pincée de sel

1. Préchauffez le four à 180 °C.
2. Faites tremper les baies de goji dans un bol d'eau.
3. Dans un saladier, mélangez la farine, le sel, le sucre et la poudre à lever.
4. Ajoutez le beurre coupé en dés et intégrez à la farine du bout des doigts.
5. Incorporez le lait en mélangeant avec une fourchette. Lorsque la pâte devient trop lourde pour être mélangée, ajoutez les myrtilles et faites une boule avec les mains. Ne pétrissez surtout pas et évitez de trop malaxer la pâte.
6. Sur une plaque à pâtisserie recouverte de papier sulfurisé, étalez la pâte sur une épaisseur de 3 cm.
7. À l'aide d'un couteau, prédécoupez la pâte en traçant des lignes diagonales.
8. Badigeonnez avec l'œuf battu et enfournez pour 15 minutes.
9. Sortez les scones dès qu'ils sont dorés et dégustez-les encore tièdes.

FRUITS D'AUTOMNE ET D'HIVER

LA CHÂTAIGNE

Pleine saison : d'octobre à novembre

« Chauds les marrons ! » À l'automne, on trouve les châtaignes à tous les coins de rue un peu partout en France. À l'arrivée du froid, elles réchauffent les cœurs. Grillée au feu de bois dans une poêle à trous, bouillie, rôtie ou encore glacée, confite ou en purée, la châtaigne (à ne pas confondre avec le marron d'Inde qui ornait autrefois les cours de nos écoles et qui est toxique) reste un fruit indémodable, consommé depuis des siècles pour sa grande valeur nutritive due à sa teneur importante en glucides. Transformée en farine, la châtaigne entre dans la composition de pâte à crêpes ou de pain, mélangée à une farine panifiable. Hildegarde de Bingen la conseillait en cas de problème au foie.

CRÈME
aux marrons

Préparation : 15 min **Cuisson : 45 min**
Repos : 15 min
Conservation : 15 jours au frais

POUR 1 POT DE 500 ML

- 300 g de châtaignes pelées en bocal (ou environ 450 g de châtaignes récoltées dans la nature, cuites puis pelées)
- 1 gousse de vanille
- 1 pincée d'écorce d'orange en poudre ou le zeste d' 1/2 orange
- 10 cl de miel d'acacia ou de sirop d'agave
- 1 pincée de sel

1. Mettez les châtaignes dans une cocotte à fond épais. Couvrez d'eau à 0,5 cm au-dessus des châtaignes. Ajoutez la gousse de vanille fendue et égrainée et l'écorce d'orange.
2. Faites cuire à feu doux pendant 45 minutes, retirez la gousse de vanille puis laissez reposer 15 minutes.
3. Placez les châtaignes dans le bol du mixeur avec le miel ou le sirop d'agave et le sel. Ajoutez une bonne louche du bouillon de cuisson.
4. Mixez longuement, en ajoutant du bouillon jusqu'à obtenir une texture fine et crémeuse.
5. Mettez en pot et conservez au frais.

ÉCLAIRS OU PETITS CHOUX à la châtaigne

Préparation : 45 min Cuisson : 25 min

POUR UNE VINGTAINE D'ÉCLAIRS (OU DE PETITS CHOUX)

- 25 cl d'eau
- 100 g de beurre
- 1 pincée de sel
- 1 c. à soupe de sucre blond
- 200 g de farine
- 4 à 5 œufs moyens
- Crème aux marrons (voir p. 80-81)

Pour le glaçage

- 150 g de chocolat noir

1. Faites bouillir l'eau avec le beurre, le sel et le sucre. Hors du feu, versez la farine et mélangez énergiquement. Remettez sur le feu et, tout en remuant avec une spatule, faites dessécher le mélange à feu doux.
2. Ajoutez les œufs un à un en vérifiant qu'ils soient bien incorporés.
3. Préchauffez le four à 200 °C.
4. À l'aide d'une poche à douille, formez des éclairs de 10 cm de longueur (ou des petits choux).
5. Enfournez pour 20 minutes, puis baissez le feu à 180 °C pendant 5 minutes.
6. Surveillez la cuisson sans ouvrir la porte du four. Dès que les éclairs sont gonflés et légèrement dorés, sortez-les et faites-les refroidir sur une grille.
7. À l'aide d'un petit couteau pointu, percez le dessous des éclairs.
8. Remplissez la poche à douille munie d'un embout fin de crème aux marrons. Remplissez les éclairs.
9. Préparez le glaçage : faites fondre le chocolat au bain-marie. Trempez-y le dessus des éclairs, puis laissez-les refroidir.
10. Vous pouvez décorer de morceaux d'écorce d'orange confite ou de petites graines d'anis.

LE CITRON

Pleine saison : toute l'année

**Les citrons se conservent bien et s'utilisent de nombreuses façons : dans les assaisonnements, les marinades, les jus et les boissons froides ou chaudes ; on peut les confire pour les ajouter à des tagines ou à des ragoûts, des desserts…
Le jus de citron permet d'éviter l'oxydation (quelques gouttes sur des légumes en cours d'épluchage, par exemple). Tout se consomme dans le citron : la pulpe, le jus, le zeste.
Il est riche en vitamine C antioxydante, mais aussi en calcium (principalement logé dans les parties blanches, le ziste) et en potassium.**

CITRONS GIVRÉS et sorbet citron aux petits-suisses

Préparation : 25 min Cuisson : 5 min
Congélation : 1 nuit

POUR 4 PERSONNES

- 4 citrons
- 4 c. à soupe de sucre blond
- 3 petits-suisses
- 1 blanc d'œuf

1. Coupez le chapeau des citrons. Coupez aussi légèrement l'autre extrémité de manière à faire tenir les citrons debout.
2. Creusez les fruits sans endommager les coques pour retirer toute la pulpe et le maximum de ziste (les peaux blanches). Pressez le jus et filtrez. Réservez les coques au réfrigérateur.
3. Mélangez le sucre et le jus de citron dans une casserole et faites chauffer jusqu'à dissolution complète du sucre. Laissez refroidir.
4. Fouettez les petits-suisses.
5. Montez le blanc d'œuf en neige et incorporez-y le sirop de citron et les petits-suisses battus.
6. Garnissez les coques de citron. Placez au congélateur au moins 1 nuit.
7. Selon la température, sortez les citrons givrés 15 à 30 minutes avant de déguster.

Astuce zéro déchet

Écorces de citron confites à l'huile d'olive
Coupez les écorces de citron en lamelles. Ébouillantez-les pendant 15 minutes. Égouttez-les et laissez-les refroidir. Une fois sèches (il peut être utile de les sécher dans un torchon bien propre), placez-les dans un bocal, ajoutez des aromates (thym, sauge, romarin) et couvrez d'huile d'olive. Réservez au frais. À utiliser dans les salades, les woks de légumes, les cakes salés…

PETITS MOELLEUX citron-coco

Préparation : 25 min **Cuisson : 15 min**
Repos : 2 h

POUR 20 MOELLEUX

- 1 citron
- 80 g de beurre demi-sel
- 20 g d'huile de coco
- 2 œufs
- 100 g de sucre
- 100 g de farine
- 1 sachet de poudre à lever
- 2 c. à soupe de poudre de coco

1 Prélevez le zeste du citron à l'aide d'une râpe fine, puis coupez le citron en deux et pressez-le pour récupérer le jus.

2 Faites fondre ensemble le beurre et l'huile de coco.

3 Fouettez les œufs et le sucre jusqu'à ce que le mélange blanchisse.

4 Ajoutez le jus et le zeste de citron, puis le mélange beurre-huile de coco.

5 Incorporez enfin la farine, la poudre à lever et la poudre de coco. Mélangez.

6 Placez la pâte au frais pendant 2 heures.

7 Préchauffez le four à 200 °C.

8 Remplissez aux trois quarts des moules individuels et enfournez pour 10 minutes.

9 Laissez refroidir sur une grille avant de déguster.

Astuce zéro déchet

Zestes déshydratés
Avant de couper un citron (ou une orange) pour le presser, pensez à prélever le zeste. Le zesteur est un outil très pratique qui permet de prélever uniquement la peau colorée. Les zestes sécheront sur une planche en bois en 1 journée ou 1 nuit. Vous pourrez les conserver dans une boîte et les ajouter à des plats tels quels.

LES AUTRES AGRUMES

Pleine saison : de novembre à mars

**Oranges, mandarines, clémentines, pomelos... appartiennent à la grande famille des agrumes, aux côtés des citrons ou des kumquats. Tous se déclinent en de nombreuses variétés qu'il est impossible de détailler ici.
Le pamplemousse et le pomelo sont deux agrumes différents, plus ou moins amers ; le premier, originaire d'Asie, est le plus gros des deux, pouvant atteindre 5 kg, avec une peau très épaisse.
La clémentine est un hybride entre la mandarine et une orange douce, elle n'a pas de pépins contrairement à la mandarine.
Les agrumes nous apportent une bonne dose de vitamine C au cœur de l'hiver et renforcent ainsi notre immunité. Riches en fibres, en minéraux (calcium, magnésium, potassium...) et en antioxydants, les agrumes sont nos alliés santé à la saison froide.**

CEVICHE DE MULET
au pomelo rose

Préparation : 20 min
Réfrigération : 30 min

POUR 4 PERSONNES

- 400 g de filet de mulet
- 1 oignon rouge
- 2 citrons verts
- 1 citron jaune
- 2 kiwis
- 1/2 bouquet de coriandre fraîche
- 2 pomelos roses
- Quelques gouttes de sauce piquante *(hot pepper)*
- 5 c. à soupe d'huile d'olive
- Sel et poivre du moulin
- 2 épis de maïs cuits pour accompagner

1. Vérifiez qu'il n'y ait pas d'arêtes dans les filets de poisson. Coupez-les en dés de 0,5 cm de côté.
2. Pelez l'oignon rouge, puis détaillez-le en petits dés.
3. Prélevez le zeste des citrons verts et pressez-les pour récupérer le jus.
4. Prélevez le jus du citron jaune.
5. Pelez les kiwis et coupez-les en dés.
6. Lavez la coriandre, séchez-la et émincez-la.
7. Prélevez les suprêmes des pomelos (voir point n° 1 p. 92).
8. Placez tous les ingrédients dans un saladier avec la sauce piquante, l'huile d'olive, le sel et le poivre. Mélangez et réservez au frais pendant 30 minutes.
9. Servez avec les épis de maïs égrainés.

SALADE D'ORANGE
à l'ail et aux olives

Préparation : 20 min

POUR 4 PERSONNES

- 4 oranges
- 2 gousses d'ail
- 4 c. à soupe d'huile d'olive
- 10 olives noires nature
- 1 oignon rouge
- Quelques brins de coriandre fraîche
- 1/2 c. à café de cumin en poudre ou en grains
- Quelques tours de moulin à poivre

1. Prélevez les suprêmes d'orange : pelez les oranges à vif (conservez les peaux pour une autre utilisation). À l'aide d'une lame bien aiguisée, retirez les suprêmes en glissant le couteau entre la peau blanche (le ziste) et la chair. Faites ainsi avec chaque suprême. Récupérez le jus.
2. Pelez, dégermez et coupez très finement les gousses d'ail ou râpez-les.
3. Mélangez l'ail avec le jus d'orange et l'huile d'olive.
4. Détaillez les olives en morceaux.
5. Pelez l'oignon et coupez-le en dés.
6. Lavez la coriandre, séchez-la et ciselez-la.
7. Poivrez généreusement et ajoutez le cumin.
8. Mélangez délicatement au moment de servir.

CRINKLES (biscuits craquants) à la mandarine

Préparation : 40 min **Cuisson : 20 min**
Réfrigération : 45 minutes

POUR 20 BISCUITS

- 2 mandarines (ou clémentines)
- 100 g de beurre à température ambiante
- 1 œuf
- 120 g de sucre blond
- 280 g de farine T65
- 1 sachet de levure
- 1/2 c. à café de bicarbonate de soude
- 1/2 c. à café rase de curcuma en poudre (pour colorer)
- 1 pincée de sel
- Un peu de sucre glace

1. Prélevez le zeste des mandarines à l'aide d'une râpe fine. Récupérez le jus et réservez le tout dans un bol.
2. Dans un saladier, fouettez le beurre et l'œuf.
3. Incorporez le jus et le zeste, puis le sucre blond.
4. Ajoutez la farine mélangée à la levure, au bicarbonate et au curcuma, puis le sel.
5. Mélangez pour obtenir une pâte homogène et souple.
6. Recouvrez de film alimentaire et placez la pâte au réfrigérateur pendant 30 minutes.
7. Préchauffez le four à 180 °C.
8. Formez 20 boules de pâte, roulez-les entre les mains puis aplatissez-les très légèrement. Disposez-les sur une plaque à pâtisserie recouverte de papier sulfurisé et saupoudrez-les de sucre glace.
9. Placez de nouveau au frais 15 minutes.
10. Enfournez pour 15 à 20 minutes.
11. À la sortie du four, laissez refroidir complètement les biscuits sur une grille avant de déguster.

Astuce zéro déchet

Écorces d'orange confites au sucre
Coupez les peaux d'orange en bâtonnets. Plongez-les 2 minutes dans de l'eau bouillante, puis faites-les cuire 20 minutes dans une nouvelle eau. Pesez. Mettez-les dans une casserole avec le même poids de sucre. Ajoutez de l'eau juste à niveau. Faites confire à feu doux jusqu'à évaporation complète de l'eau. Laissez-les refroidir dans un plat côte à côte ou sur une grille, puis conservez-les dans une boîte. Vous pouvez les utiliser pour décorer les gâteaux ou les ajouter dans des pâtes à biscuit.

LE COING

Pleine saison : octobre

Les fruits du cognassier se conservent plusieurs semaines à condition de ne pas avoir été meurtris et d'être stockés au frais. Ils ne se consomment qu'après cuisson. On connaît le coing transformé en pâte de fruits, en gelée (grâce à sa pectine, inutile d'ajouter un liant), en sirop ou en liqueur, mais il peut également accompagner des plats de viande ou être ajouté à des tagines de légumes racines. Si vous rencontrez des difficultés à le peler et à le couper cru, il est possible de le cuire entier à la vapeur (20 minutes). Une fois ramolli, vous l'éplucherez et l'épépinerez facilement, avant de l'ajouter aux recettes en milieu ou en fin de cuisson. Riche en fibres, tanins et potassium, c'est un fruit malheureusement délaissé, dont il faut savoir profiter.

TAGINE DE CANARD aux coings

Préparation : 25 min **Cuisson : 35 min**

POUR 2 PERSONNES

- 2 cuisses de canard
- 1 coing
- 1 betterave
- 2 carottes
- 2 échalotes
- 1 oignon jaune
- 2 c. à soupe d'huile d'olive ou de graisse de canard
- 1 feuille de laurier
- Quelques brins de coriandre fraîche
- 1/2 c. à café de cannelle
- 1 grand verre d'eau
- Jus de citron
- Sel et poivre

1. Pelez le coing, la betterave et les carottes et coupez-les en gros morceaux.
2. Pelez et émincez échalotes et oignon.
3. Dans une cocotte à fond épais, faites revenir les échalotes et l'oignon pendant 2 minutes dans l'huile d'olive.
4. Déposez les cuisses de canard dans la cocotte. Ajoutez le laurier et la coriandre ciselée (conservez-en pour l'ajouter fraîche au moment du service). Saupoudrez de cannelle.
5. Ajoutez l'eau, les carottes et la betterave. Salez et poivrez.
6. Laissez cuire à couvert et à feu doux pendant 30 minutes. Ajoutez le coing et faites cuire pendant encore 15 minutes.
7. Dégustez bien chaud, en parsemant de coriandre fraîche et en arrosant de quelques gouttes de jus de citron.

CAKE coing et noix

Préparation : 20 min Cuisson : 1 h 10

POUR 6 PERSONNES

- 1 coing de 500 g environ
- 100 g de sucre en poudre
- 60 g de beurre
- 50 ml d'huile d'olive
- 3 œufs
- 170 g de farine
- 1 sachet de poudre à lever ou 1 c. à café de bicarbonate de soude
- 200 g de cerneaux de noix
- Le zeste râpé d'1 citron

1. Faites cuire le coing à la vapeur durant 20 à 30 minutes. Pelez-le, épépinez-le, puis coupez-le en dés.
2. Préchauffez le four à 170 °C.
3. Au fouet ou au batteur, travaillez le sucre avec le beurre en ajoutant l'huile progressivement, jusqu'à ce que l'appareil blanchisse et soit aérien. Ajoutez les œufs un à un.
4. Mélangez la farine et la poudre à lever et incorporez-les à l'appareil précédent.
5. Ajoutez les noix et le zeste de citron râpé, mélangez bien.
6. Incorporez ensuite délicatement les dés de coing.
7. Beurrez un moule à cake et remplissez-le de la préparation.
8. Enfournez pour 40 minutes. Vérifiez la cuisson avec un couteau.
9. Laissez refroidir avant de démouler.

Astuce zéro déchet

Pâte de coing

Pour réaliser une pâte de coing, pesez le volume de coing cuit, ajoutez 350 à 400 g de sucre pour 500 g de purée. Faites cuire dans une cocotte à fond épais en remuant constamment avec une cuillère ou une spatule souple. Veillez à ce que la purée n'attache pas au fond. Lorsqu'elle se décolle des parois, versez-la dans un plat couvert de papier sulfurisé et laissez sécher 48 heures. Retournez la plaque de pâte de coing sur une grille pour continuer le séchage. Coupez la pâte en carrés et stockez-les dans une boîte en intercalant des feuilles de papier sulfurisé.

LE KIWI

Pleine saison : de décembre à avril

Le kiwi est de ces fruits à connotation exotique parfaitement acclimaté à nos régions. Il appartient à la famille des Actinidiacées qui compte une trentaine d'espèces de kiwi. Le plus connu porte une peau duveteuse (*Actinidia deliciosa*), mais il existe des variétés à peau lisse (*Actinidia chinensis*). Le kiwi peut se récolter (et s'acheter) avant complète maturité en automne et en hiver. Tout comme la poire, il mûrit peu à peu. Sa peau fripée annonce un fruit mûr et bien sucré, prêt à être dégusté. Il donne une note acidulée aux salades de fruits. Riche en vitamine C, il permet de commencer la journée du bon pied. Il contient également des fibres et des minéraux (potassium, calcium et magnésium).

CARPACCIO DE SAINT-JACQUES au kiwi et aux pignons

Préparation : 25 min

POUR 4 PERSONNES

- 12 noix de Saint-Jacques
- Quelques feuilles de cerfeuil
- 2 kiwis
- 2 petites betteraves cuites
- Huile de cameline (à défaut, huile d'olive douce)
- 1 jus de citron
- 4 c. à soupe de pignons de pin
- Poivre du moulin (comme le timut au parfum de pamplemousse)

1. Rincez et séchez les noix de Saint-Jacques.
2. Lavez et séchez le cerfeuil. Pelez les kiwis et les betteraves.
3. À l'aide d'une mandoline ou d'une lame bien aiguisée, coupez les kiwis et les betteraves en rondelles très fines. Faites de même avec les noix de Saint-Jacques.
4. Dans un plat ou des assiettes individuelles, disposez les rondelles de betterave, de kiwi et de Saint-Jacques.
5. Arrosez d'un filet d'huile et de jus de citron (légèrement).
6. Réservez au frais si vous ne servez pas tout de suite.
7. Au moment de déguster, parsemez de pignons, donnez quelques tours de moulin à poivre et ajoutez le cerfeuil.

Astuce zéro déchet

Infusion de peau de kiwi aux zestes d'agrume
Avant de peler les kiwis, pensez à laver la peau en les passant sous l'eau et en frottant légèrement. Vous pouvez ensuite l'utiliser en infusion : placez la peau de kiwi avec des zestes de citron ou d'orange dans un bocal et couvrez d'eau chaude. Laissez infuser, refroidir et filtrez. Vous obtenez une eau légèrement acidulée. Vous pouvez la sucrer légèrement en ajoutant un peu de sirop d'agave.

CAKE
kiwi et pavot

Préparation : 20 min Cuisson : 35 min

POUR 6 À 8 PERSONNES

- 100 g de beurre à température ambiante
- 3 œufs
- 130 g de sucre blond
- 1 citron
- 1 yaourt de brebis
- 270 g de farine de blé T80
- 1 sachet de poudre à lever + 1/2 c. à café de bicarbonate de soude
- 3 c. à soupe de graines de pavot
- 3 kiwis

1. Préchauffez le four à 180 °C.
2. Faites fondre le beurre dans une casserole à feu très doux. Laissez-le refroidir un peu.
3. Dans un saladier, fouettez les œufs avec le sucre jusqu'à ce que le mélange blanchisse.
4. Prélevez le zeste du citron puis le jus.
5. Dans le saladier, ajoutez le beurre fondu, le yaourt, le zeste et le jus de citron. Mélangez au fouet.
6. Mélangez la farine avec la poudre à lever, les graines de pavot et le bicarbonate.
7. Ajoutez le mélange à la préparation liquide en trois fois, en mélangeant bien à la cuillère en bois.
8. Pelez les kiwis et conservez-les entiers.
9. Chemisez un moule à cake ou beurrez-le.
10. Versez-y la moitié de la préparation. Ajoutez les kiwis et couvrez avec le reste de pâte.
11. Enfournez pour 30 minutes. À la sortie du four, démoulez et laissez refroidir sur une grille.

Variante

Pour un plat rond, coupez les kiwis en rondelles, versez la moitié de la pâte, tapissez de rondelles de kiwi, ajoutez le reste de pâte puis le reste des rondelles sur le dessus du gâteau.

LA POIRE

Pleine saison : d'août à décembre (conservation longue)

Hydratante grâce à sa teneur en eau, la poire apporte vitamine C, minéraux et oligoéléments. Une bonne poire n'est pas granuleuse, elle est juteuse et parfumée. Ce fruit se récolte avant maturité. N'hésitez pas à acheter les poires encore fermes, elles mûriront dans votre cuisine ou votre bac à légumes. En cave, vous pouvez les conserver plusieurs semaines. Elles parfument les alcools mais nous les préférons crues, en salade de fruits, ou cuites dans des cakes au fromage, pourquoi pas mijotées avec une viande ou dans un croque-monsieur original, éventuellement en chutney avec des oignons jaunes. Ne choisissez pas entre la poire et le fromage ! Ils se marient très bien, surtout avec les fromages forts comme le roquefort.

GÂTEAU DE POLENTA aux poires

Préparation : 20 min **Cuisson : 20 min**

Pour les poires au sirop
- 4 poires
- 80 cl d'eau
- 80 g de sucre
- 1 pincée de graines d'anis

Pour la polenta
- 200 g de polenta
- 75 cl de l'infusion de cuisson des poires

1. Pelez et épépinez les poires. Coupez-les en dés.
2. Portez à ébullition l'eau avec le sucre et les graines d'anis. Ajoutez les poires. Laissez cuire à couvert jusqu'à ce qu'une pointe de couteau s'enfonce sans résistance. Retirez les poires. Réservez.
3. Normalement, vous avez obtenu environ 75 cl de sirop. Versez la polenta en pluie dans le sirop frémissant. Mélangez immédiatement au fouet, assez énergiquement pour éviter la formation de grumeaux.
4. Dès que la polenta a absorbé tout le sirop (c'est très rapide), versez-en la moitié dans un moule à manqué de 24 cm de diamètre. Ajoutez les poires, puis versez le reste de polenta par-dessus.
5. Démoulez le gâteau. Laissez-le refroidir et patientez jusqu'au lendemain si possible, il n'en sera que meilleur !

Variante

Vous pouvez aussi faire revenir des parts de gâteau dans une poêle avec de l'huile de coco. Une fois que les morceaux sont dorés d'un côté, retournez-les. Ces petits carrés croustillants à l'extérieur et moelleux à l'intérieur peuvent se déguster tièdes ou froids.

BEIGNETS de poire

Préparation : 20 min Cuisson : 20 min

POUR 4 PERSONNES

- 3 poires
- 1 jus de citron
- 2 œufs
- 2 c. à soupe de sucre blond
- 100 g de farine
- 1 pincée de sel
- 10 cl de bière
- Huile de friture

1 Pelez les poires, épépinez-les et coupez-les en lamelles. Réservez-les dans un plat en les arrosant de la moitié du jus de citron.

2 Séparez les blancs d'œufs des jaunes.

3 Dans un saladier, fouettez les jaunes d'œufs et le sucre jusqu'à ce que le mélange blanchisse.

4 Ajoutez la farine et le sel. Mélangez, puis versez la bière. Vous obtenez une pâte à crêpes épaisse.

5 Fouettez les blancs d'œufs en neige et incorporez-les délicatement à la préparation précédente.

6 Faites chauffer l'huile de friture.

7 Plongez les lamelles de poire une à une dans la pâte, égouttez-les légèrement, puis faites-les frire. Dès que les beignets sont dorés, retirez-les et réservez sur du papier absorbant.

LA POMME

Pleine saison : d'août à octobre (conservation longue au-delà de la récolte, jusqu'en février en cave)

« Une pomme par jour éloigne le médecin », dit le dicton, non sans raison. Quelle chance d'avoir ce fruit sous la main presque toute l'année ! La pomme est pratique à transporter pour le goûter, se marie aux plats salés comme sucrés, crus ou cuits. On peut la faire sécher assez facilement, coupée en rondelles et enfilée sur une cordelette au-dessus d'un radiateur. Il faut découvrir les nombreuses variétés qui s'offrent à nous.

Voir *Pommes ! Mes meilleures recettes* (Terre vivante, 2016).

SOUPE DE POMMES CLOCHARD
poireaux et champignons

Préparation : 20 min Cuisson : 25 min

POUR 4 PERSONNES

- 3 pommes clochard
- 1 oignon jaune
- 1 blanc de poireau
- 1 petite pomme de terre
- 150 g de champignons (rosés, de Paris...)
- 2 c. à soupe d'huile d'olive
- 1 cube de bouillon de légumes
- 4 c. à café d'amandes effilées
- Persil haché
- Sel et poivre

1. Épépinez les pommes et détaillez-les en morceaux sans les éplucher.
2. Pelez et émincez l'oignon. Épluchez le poireau et coupez-le en petits morceaux. Pelez la pomme de terre, puis détaillez-la en dés.
3. Coupez la partie terreuse du pied des champignons, puis rincez et séchez les champignons. Coupez-les en quatre.
4. Dans une casserole, faites revenir les légumes dans l'huile d'olive pendant 5 minutes.
5. Couvrez d'eau, ajoutez le cube de bouillon, salez et poivrez et faites cuire pendant 20 minutes à feu moyen.
6. Mixez la soupe en velouté ou conservez-la en morceaux, selon votre préférence.
7. Servez en ajoutant les amandes et le persil haché dans chaque assiette.

GALETTE CROUSTILLANTE de pomme et de panais

Préparation : 20 min
Repos : 30 min
Cuisson : 20 min

POUR 4 PERSONNES

- 1 pomme de terre (200 g)
- 1 petit panais (300 g)
- 1 oignon jaune
- 1 gousse d'ail
- 1 pomme douce (200 g)
- Un peu de noix de muscade râpée
- Quelques brins de persil
- 2 œufs
- Sel et poivre
- Huile d'olive pour la cuisson

1. Pelez la pomme de terre et le panais et râpez-les grossièrement. Épluchez l'oignon et l'ail et hachez-les. Épépinez la pomme et coupez-la en dés.
2. Mélangez le tout dans un saladier en ajoutant la noix de muscade, le persil haché, les œufs battus, le sel et le poivre. Laissez reposer au frais pendant 30 minutes.
3. Faites chauffer une poêle avec un peu d'huile d'olive.
4. Formez une grande galette et faites-la dorer à feu moyen pendant 10 minutes. Retournez-la dans une assiette et faites-la glisser dans la poêle pour cuire l'autre face pendant 10 minutes.
5. Servez aussitôt avec une salade verte.

CROÛTONS CROUSTI-FONDANTS aux pommes et aux noix

Préparation : 25 min Cuisson : 30 min
Conservation : 3 jours

POUR 1 BOCAL

- 2 petites pommes acidulées coupées en dés (gala)
- 100 g de cerneaux de noix
- 70 g de sucre complet
- 1/2 c. à café de cannelle en poudre
- 120 g de pain dur réduit en poudre

1. Préchauffez le four à 180 °C.
2. Épépinez les pommes et coupez-les en dés sans les éplucher. Pilez les noix.
3. Dans un saladier, mélangez les pommes, le sucre et la cannelle.
4. Ajoutez la chapelure de pain dur et les noix et mélangez soigneusement.
5. Étalez la pâte sur une plaque allant au four. Baissez la température du four à 120 °C et enfournez pour 30 minutes en surveillant la cuisson. Retournez en cours de cuisson.
6. Laissez refroidir dans le four éteint légèrement entrouvert.
7. Vous pouvez manger ces croûtons trempés dans du lait ou les ajouter à une compote ou à un yaourt.

LE RAISIN

Pleine saison : de septembre à novembre

Le raisin, en particulier le noir et le rouge, est un fruit santé par excellence. Ce n'est pas pour rien que les cures de raisin sont conseillées par de nombreux praticiens de santé. Sa richesse en polyphénols et en resvératrol a montré des effets cardioprotecteurs. Source de fibres et de minéraux, c'est un fruit à ne pas négliger à la haute saison. Le reste du temps, les raisins secs sont une excellente alternative (déconseillés cependant en cas de diabète), riches de la plupart des nutriments contenus dans les fruits frais. Il est possible de cultiver de la vigne dans les jardins et même sur un balcon si l'on prend soin de l'installer près d'une treille pour qu'elle puisse s'y accrocher et s'épanouir au soleil. Vous devrez utiliser des traitements préventifs contre le mildiou et les parasites (champignons). Cela ne vous empêchera pas de récolter les feuilles de vigne en début de saison pour les cuisiner à la grecque : feuilles de vigne farcies de riz parfumé à la menthe et aux oignons. Vous pourrez agrémenter vos plateaux de fromage de grappes, des grains ajoutés en fin de cuisson de viandes mijotées ou de poisson feront merveille, et les raisins crus révéleront toute leur saveur dans les salades de fruits ou les pâtisseries.

MERLUCHONS aux raisins

Préparation : 15 min Cuisson : 20 min

POUR 3 PERSONNES

- 1 grappe de raisin blanc
- 1 grappe de raisin rouge
- 1 botte de cébettes ou 4 oignons nouveaux
- 3 merluchons vidés
- 4 c. à soupe d'huile d'olive
- Sel et poivre

1. Préchauffez le four à 180 °C.
2. Égrainez les grappes de raisin. Coupez la moitié des grains en deux.
3. Lavez les oignons ou les cébettes et émincez-les.
4. Placez les poissons dans un plat allant au four. Salez et poivrez généreusement.
5. Ajoutez les oignons et les grains de raisin.
6. Arrosez d'huile d'olive.
7. Enfournez pour 15 à 20 minutes.
8. Servez avec du riz ou des pommes de terre vapeur.

Astuce zéro déchet

Feuilles de vigne farcies
Utilisez des feuilles de vigne jeunes et non traitées pour réaliser des *dolmades*, une spécialité grecque consistant à farcir des feuilles de vigne d'un riz cuisiné aux oignons et à la menthe. Vous trouverez facilement la recette sur internet ou dans notre livre *Je cuisine à la vapeur douce et à l'étouffée* (Terre vivante, 2019).

MUFFINS au raisin victoria et au comté

Préparation : 20 min Cuisson : 25 min

POUR 8 MUFFINS

- 2 œufs
- 150 ml de lait
- 100 ml d'huile d'olive
- 200 g de farine
- 1/2 c. à café de sel
- 1/2 c. à café de bicarbonate de soude
- 100 g de comté râpé (ou gruyère)
- 80 g de grains de raisin blanc coupés en 4
- 1 pincée de menthe sèche

1. Préchauffez le four à 180 °C.
2. Fouettez les œufs puis ajoutez le lait et l'huile d'olive.
3. Mélangez la farine avec le sel et le bicarbonate et ajoutez à la préparation précédente.
4. Incorporez alors le comté, les grains de raisin et la menthe.
5. Répartissez la préparation dans des moules à muffins et enfournez pour 20 à 25 minutes.
6. Laissez refroidir un peu avant de démouler. Dégustez les muffins tièdes ou froids.

SOUPE DE RAISIN au tapioca

Préparation : 20 min Cuisson : 25 min

POUR 2 PERSONNES

- 1 petit bol de grains de raisin rouge et blanc
- 500 ml de lait d'avoine ou de lait de coco
- 3 gousses de cardamome
- 2 c. à soupe de sirop d'agave ou 4 c. à soupe de sucre blond
- 3 c. à soupe de tapioca (ou perles du Japon)

1. Portez le lait à ébullition.
2. Retirez les petites graines des gousses de cardamome.
3. Rincez les grains de raisin.
4. Plongez les graines de cardamome et le raisin dans le lait.
5. Coupez le feu et laissez infuser jusqu'à refroidissement.
6. Ajoutez le sirop d'agave ou le sucre ainsi que les perles du Japon et replacez sur feu doux.
7. Faites cuire pendant environ 20 minutes en mélangeant régulièrement. Les perles du Japon vont devenir translucides.
8. Laissez refroidir et placez au frais jusqu'au moment de déguster.

Remerciements

Les jardins solidaires et pluriels Vent d'ouest à Niort (79), lieu d'accueil et de partage.

Les vergers des Rivaux à Secondigny (79).

Rémi Perez, maraîcher dans les Deux-Sèvres pour ses fabuleuses fraises.

Les Croqueurs de pommes et leur verger conservatoire à Secondigny (79).

Alice Lothon pour ses céramiques.

Aude Merceron pour ses sacs de noyaux généreusement conservés.

Mais aussi Mélanie Bertrand, Marine Linglard, Bernadette Sauzea et Soni pour sa participation photographique sur le terrain.

Un grand merci à tous.

Index

Déjà parus aux éditions Terre vivante

- **Recettes d'ailleurs 100 % locale**
Cuisinez arachide, chayotte, patate douce, kiwano, gombo, shiso, tomatille...
Amandine Geers et Olivier Degorce

- **Je cuisine à la vapeur douce et à l'étouffée**
Cuisson santé, saveurs préservées
Amandine Geers et Olivier Degorce

- **Je compose mes assiettes complètes**
Pour lunch-box, repas de famille ou entre amis...
Amandine Geers et Olivier Degorce

- **Je prépare mes repas à l'avance**
50 mélanges secs à réhydrater
Amandine Geers et Olivier Degorce

- **Complètement tartes !**
20 recettes de pâtes et 45 garnitures
Amandine Geers et Olivier Degorce

- **Je cuisine les plantes sauvages**
50 recettes pour accommoder mes cueillettes
Amandine Geers et Olivier Degorce

- **Je cuisine les fleurs**
50 recettes inattendues
Amandine Geers et Olivier Degorce

- **Pommes ! Mes meilleures recettes**
Amandine Geers et Olivier Degorce

- **Je cuisine les restes et je fais des économies**
45 recettes anti-gaspi
Céline Mennetrier et Aurélie Jeannette

- **Le sarrasin, la petite graine aux grands effets**
50 recettes salées et sucrées
Marie-Laure Combini

- **Je mange bio même en rando !**
Recettes nomades pour balades, cyclo, bivouac
Clea et Linda Louis

- **Je mange sain et bio, même au boulot !**
45 recettes et 120 variantes de déjeuners à emporter
Marie Chioca

Pressé, fauché, mal équipé... mais gourmand !
Recettes saines pour étudiants, jeunes actifs, solos
Marie Chioca

- **Je découvre la fermentation**
Du vivant dans mon assiette !
Helène Schernberg et Louise Browaeys

Achevé d'imprimer en France par l'imprimerie Chirat (Saint-Just-la-Pendue)
N° 202104.0140 - Dépôt légal : mai 2021

PEFC
10-31-1895

IMPRIM'VERT